怎样培养孩子的关键社会能力
（手绘实例版）

怎样培养孩子的积极主动性

朱慕菊 文　　唐妍 图

北京师范大学出版集团
BEIJING NORMAL UNIVERSITY PUBLISHING GROUP
北京师范大学出版社

图书在版编目(CIP)数据

怎样培养孩子的关键社会能力：手绘实例版．怎样
培养孩子的积极主动性 / 朱慕菊文，唐妍图. —— 北
京 ：北京师范大学出版社，2017.1（2019.1 重印）
ISBN 978-7-303-21334-4

Ⅰ．①怎… Ⅱ．①朱… ②唐… Ⅲ．①社会教育-
学前教育-教学参考资料 Ⅳ．①G611

中中国版本图书馆 CIP 数据核字 (2016) 第 243926 号

营 销 中 心 电 话　　010-58806648
北师大出版社学术著作与大众读物分社　　http://xueda.bnup.com
ZENYANG PEIYANG HAIZI DE JIJI ZHUDONG XING
出版发行：北京师范大学出版社 www.bnup.com
　　　　　北京市海淀区新街口外大街 19 号
　　　　　邮政编码：100875
印　　刷：大厂回族自治县正兴印务有限公司
经　　销：全国新华书店
开　　本：889 mm×1194 mm　1/20
印　　张：6.5
字　　数：162.5 千字
版　　次：2017 年 1 月第 1 版
印　　次：2019 年 1 月第 3 次印刷
定　　价：20.00 元

策划编辑：胡　苗　　　　责任编辑：胡　苗
美术编辑：袁　麟　　　　装帧设计：敖省林
责任校对：陈　民　　　　责任印制：乔　宇

版权所有　侵权必究

目　录

写在前面的话

亲爱的小朋友的爸爸妈妈，你们好！作为年轻的父母，一定对小宝宝的人生前景有着美好的遐想，对如何养育孩子有着自己的选择，但我想培育孩子终身幸福生活的能力可能是你们的核心追求，而这种能力的实现，需要有教育规律的引导。当前的升学竞争引发了家长的焦虑，商业竞争利用了这一焦虑，酿成"不要输在起跑线上"的思潮和衍生产业，毫无顾忌地违反教育规律，赚孩子们的钱，这种现象还在逐步升级，这对儿童的健康成长是十分有害的。你们是否认真地思考过：什么是孩子真正的"起跑线"？是识字、算数、拼音，还是各种"特长"？

国际上关于早期儿童发展的研究成果揭示出，在儿童早期，一些关键社会能力的发展对孩子未来融入社会、事业成功、婚姻幸福等都有着很强的预测作用。研究特别强调相关教育措施在儿童早期介入的重要性。但是，"介入"并不等同于成人居高临下的"说教"和"训练"，要充分体现成人对孩子的尊重，并在乎孩子在成长过程中是否获得了真正的快乐。日本幼儿教育专家岸井勇雄先生提炼了十个充满教育意义的"快乐感"：

◎ 做想做的事时的快乐（自发性、主体性的发挥）

◎ 全力投入活动时的快乐（全力活动）

◎ 把做不到的事变成做得到时的快乐（能力的增强）

◎ 把不知道的事变成知道时的快乐（知识的获得）

◎ 想办法、下功夫创造时的快乐（创造）

◎ 帮助他人、做了好事时的快乐（有用与行善）

◎ 自己的存在被他人承认时的快乐（人格的承认）

◎ 共感时的快乐（共感）

◎ 遇到更好的人或事物时的快乐（相遇和认识）

◎ 和自己喜欢的人在一起时的快乐（爱和友好关系）

——引自岸井勇雄《未来的幼儿教育——培育幸福生活的能力之根基》

（李澎译）

　　孩子要得到这些快乐，需要成人的理解和支持，孩子正是在这样一种关爱和引导中，建立起对人类社会的爱和基本信赖，从而逐步将正确的价值观、社会的规则内化为自己行为的标准，才能形成关键的社会能力，为自己的人生幸福奠定基础，愉快而自信地站到人生的"起跑线"上。

　　本套书力图将心理学、教育学关于儿童社会性发展的基本观点，结合爸爸妈妈在日常生活中经常出现的误区、忽视点、不当做法等，深入浅出地解释原理，提出改进建议。

　　本丛书的内容包括怎样培养孩子的交往能力、自尊心、自律能力、情绪能力、积极主动性和亲社会行为六个方面，这六个方面虽是分册写的，但在实际生活中却是水乳交融、互为关联的。每册书将围绕三方面的内容展开：一是简介这些社会能力在儿童早期的产生和发展；二是提出怎样培养孩子这些社会能力；三是提醒家长如何避免不当的教育行为。

在写这套书的时候，我已经是慈爱的祖母了。自 1982 年从北京师范大学教育系学前教育专业毕业至今，已经过去了 34 年，其间有 30 年在教育部为基础教育服务，其中 20 余年从事学前教育工作，参与和经历了我国学前教育最为深刻和广泛的改革，这些对中国未来意味深长的改革，引发了我和我的同学们、同事们对学前教育使命的思考：面对纯洁、充满活力和潜能的小朋友以及对孩子充满期待的父母，幼儿园和家庭的教育要为孩子的终身幸福贡献什么？

当"不要输在起跑线上"的声浪掩盖了教育规律、动摇了理性认识时，我想用最朴素、最深入浅出的方式让家长摆脱莫名的焦虑，站在孩子的立场，用爱心和智慧来发现孩子，培育孩子，成为他们幸福人生的引路人。

30 年的公务员生涯，写尽各式公文，但做梦也不会想到，有朝一日会采用绘本的方式给家长写书，然而，正是在寻求"最朴素、最深入浅出的方式"时，最终选择了绘本的方式。尽管已忐忑地认识到自己是拙笨的作者，但还是鼓起了勇气，因为，很想为像我小孙孙一样可爱的小朋友做点什么。因此，请大家容忍我的拙笨，接纳我的热情。

由衷感谢我的老师陈帼眉教授，在她 85 岁高龄时，还接受了我的请求，给这套书提出了深刻的专业意见和建议，她让我深感学海无涯，余生须努力。

由衷感谢北京第五幼儿园朱小娟园长和老师们，在这套书写作过程中得到她们来自实践视角的支持与建议。

给这套书绘画的唐妍女士，是位理解儿童、富有经验的优秀动画导演，对心理学、教育学抽象的表述有着深刻的理解力和具体、生动的表现力，得益于她的智慧和创作，这套书具有了深入浅出和幽默诙谐的面貌。感谢她与我的默契，感谢她竭诚的投入。

边玉芳

2016 年 7 月

孩子的积极主动性需要培养

凡是积极主动的孩子，都表现出较高的自信心、好奇心、应对挑战的积极态度、创造性等，也会得到更多的赞赏和机会，拥有更多的成功，而这些成功又激励着他们继续挑战新任务，形成积极的循环。

但在实际生活中，并不是每个孩子都具有积极主动的特征，也不是每个父母都认识到孩子具有积极主动性的重要性。事实上，有些父母只关心孩子学了多少汉字、英语单词等学习结果，却几乎没有关注过孩子是否处于积极主动的状态。当孩子表现出不自信、对外界的刺激没有兴趣、对成功没有期待、反应冷漠时，一些父母简单地将其归结为"性格内向"，并对此感到无奈，甚至放弃帮助孩子的努力。

事实上，孩子是否表现出积极主动性的背后，是孩子的动机状况。"动机"是什么呢？最通俗的比喻就是人的发动机系统，但是，这个"发动机"不是孩子自己可以完全掌控的，其状况受到不同的家庭环境、父母的教养方式、幼儿园教育等多方面因素的深刻影响。如果教养方式不当，就会影响孩子动机的发展，使之陷入消极状态，从而引发一系列问题，如果得不到有效的干预，将给孩子的一生带来负面影响。

孩子的积极主动性既不是与生俱来的，也不是一旦拥有就永不消逝的，心理学研究表明，孩子也是有成就需要的，教育的基本目标之一，就是要促进孩子追求重要的目标，通过努力达到这些目标，并因成功和成就而自豪。而教育绝不仅仅存在于教室里，在日常生活中，成人的观念、言行、提供的环境、对孩子的种种反馈等都起着至关重要的作用，比如，父母、老师对孩子各方面能力的看法；用什么方式，从什么角度向孩子表达这些看法；如何分析、反馈孩子的成功或失败；如何对待孩子的任务和活动；是否让孩子拥有一定的独立性和自主权等，这些都会影响孩子能否产生并保持积极主动性。

　　人生中的机会和成功只属于积极进取的人，从儿童早期就着眼于积极主动性的培养，就是为他们未来的成功打基础。因此，父母需要了解孩子产生和保持积极主动性的一般规律，积极尝试培养孩子的积极主动性，建立和发展孩子的"发动机系统"，这将会给孩子的人生带来无价的贡献。

一、孩子的积极主动性是怎么发展的

　　当孩子表现出积极主动性时，可能是对某件事有着强烈的兴趣，或想得到爸爸妈妈的表扬，或想体验克服困难、获得成功的快乐等。心理学研究表明，即便是婴儿，也会从"掌控"一个新玩具中获得乐趣，这表明孩子对成功和成就是有着需求的。19世纪30年代就有心理学家深入研究"成就动机"。所谓"成就动机"是指个体希望从事有意义的活动，并克服困难、施展才能取得成果的动机，它既是追求成功的需要，也是避免失败的需要。

　　孩子要想有所"成就"，就意味着需要进行某些探索和学习，了解一些客观标准，知道哪些表现是成功的，哪些还不够，并学会用这些标准来评价自己的成就。具有成就动机的孩子，不仅有着高标准完成任务的积极主动性，而且会在挑战性的任务中努力获得成功。

　　激发孩子的成就动机，会根本性地促进孩子积极主动性的发展。因此，父母需要了解，哪些言行对孩子的成就动机产生积极的影响或消极的影响？父母对孩子的成功有期待和信心吗？是否给了孩子自己选择、决定的

机会？家庭所创设的环境和孩子的哪些经历真正影响了孩子的动机？

　　通过对上述问题的深入了解，父母就会一步一步地掌握孩子产生成功需求的原理和方法，意识到自己的言行对孩子成就动机发展的种种影响，从而更加深刻地理解孩子对成功的需要，以及促进孩子积极主动性发展的重大意义。

1. 学前儿童成就动机的发展有什么特点

★ 孩子也有成就需要

即便是婴儿，也会从"掌控"一个新玩具中获得乐趣。学前儿童也具有对独立、自主、成就、尊重及表扬的需求，满足这些需求，将会激发孩子内在的动力。有心理学研究表明，2岁半左右的孩子能体验"成功"的感觉，3岁左右的孩子能体验"失败"的感觉。

★ "掌控的快乐"阶段

　　婴儿和学步儿如果学会了爬、站立、行走，或能"掌控"一个新玩具，或让一件事发生造成有趣的结果，他们会感到兴奋和骄傲，并由此发展为强烈的成就动机。

　　他们不关心他人的评价，但如果掌握了某个动作，会表现出积极的情绪；相反则表现出消极的情绪。

案例：叮叮 1 岁 4 个月了，他看见妈妈把脏衣服放到一个大筐里，他也模仿妈妈把袜子投到筐里，成功后自己鼓掌欢呼。但却没能将爸爸的衬衫投进去，他没有笑，而是转身走了。

★ 寻求认可的阶段

　　2岁半左右时，孩子已经能够把自己造成的结果评价为成功或不成功，做得好时，会作出积极反应并寻求别人的认可，从而继续新的尝试或探索。

★ 学会使用标准的阶段

　　3岁左右，孩子已不再过分
依赖别人的评价，而是开始学会
用客观的标准来评价自己，能够
更独立地评价自己的成功或失败，
他们会在成功时体验到自豪感，
在失败时产生羞愧感。

案例： 叮叮 3 岁了，上幼儿园小班，午睡后，他看见妞妞自己熟练地穿上衣服和皮鞋，而他正在等老师过来帮他穿。回家后他跟妈妈说："我想跟妞妞好，她会自己穿衣服，我不会。"

★ 乐观的早期

　　幼儿早期对自己在某方面的能力相当自信，被心理学家称之为"不现实的乐观主义者"。在这个年龄段，父母或老师往往给孩子们提出的任务或活动比较容易，而且更多地是表扬孩子的努力，而不是完成的效果，从而使孩子们认为自己能做很多事，有能力在任何事情上成功。年幼的孩子还没有形成对自己各方面能力的认识，容易成为"不现实的乐观主义者"。

案例：3岁半的妞妞要随爸爸妈妈去美国了，叮叮担心地问："你不会说美国话怎么办？"妞妞说："我会说很多儿歌，美国话有什么不会的？"

13

★ 现实化的后期

　　5~6 岁的孩子能比较明确地意识到自己在各方面的能力。他们已经能与同伴进行比较，与同伴间的竞争也会增多，能清楚地意识到任务难度与能力的关系，对自己的评价也变得更加准确和现实。因此，他们对成功的预期会呈现下降的趋势，对自我的评价也随年龄的增长而下降。

案例： 大班小朋友在玩火柴棍组图的智力竞赛游戏，老师说，看谁能动两根火柴，就能让小狗掉头走。以前叮叮往往没想好就急着举手，但现在他却在聚精会神地琢磨着，没有把握去举手。

2. 成就动机对孩子的发展有什么影响

★ 接受挑战，克服困难，期待成功

成就动机较高的孩子，一般来说都表现出显著的积极主动性，对自己的能力有着积极的评价和自信，不仅行为积极主动，而且愿意接受挑战，遇到困难能够坚持，对成功有期待，并因自己的成功而感到自豪。

没有成就动机或成就动机较低的孩子，往往不愿意接受挑战，对成功没有期待，认为即使努力也不会成功，经常选择放弃。

★ 积极选择，自主决定

具有成就动机的孩子，往往主动参与活动，积极选择，并自己做决定。研究表明，主动地选择是产生最佳动机所必需的，当孩子既具有能力，又想自己做决定时，就会产生发自内心的动机。

没有成就动机的孩子往往被动地卷入活动，甚至拒绝参与活动，他们对外界的事没有兴趣，既不去选择什么，也不决定什么，表现出消极的态度。

爸爸，我们再排练一次吧！这次我当主角，我一定要好好表演。

★ 积极主动交流、合作

具有成就动机的孩子，在游戏、活动或完成任务时，往往会积极主动地与同伴交流、合作，希望通过共同努力，取得更大的成功。与他人的联系、合作成为获得成功的需要。

没有成就动机的孩子，由于没有对成功的追求、信心和期待，也就不会为了成功而与同伴进行联系和合作。

3. 影响孩子成就动机的因素有哪些

★ 父母的看法

· 父母对孩子的期待

在升学竞争激烈的背景下，一些中小学生的父母期待孩子每次拿到100分；幼儿园小朋友的父母期待孩子在各方面都比别人强。总之，都在学习结果的终端等着判断孩子的成功与否，如果没有得到100分，或不比别人强，就是"失败了"。孩子在这种高压下只会选择逃避和放弃，而不易产生积极的动机。

这次运动会发挥你的潜力吧！

23

· 父母对孩子能力的认识

　　父母如果认为孩子的能力是通过努力学习、不断应对挑战获得的，能力是可以培养的，这会让孩子感觉到，只要自己努力，能力是可以提高的。

　　父母如果认为孩子的能力不论强弱都是与生俱来的，如果能力强，就必然成功，反之，即使再努力，能力也不可能提高，那么，孩子对通过努力取得成功的愿望就会显著降低。

你不学习吗?

妈妈说，我是天才!

25

· 家庭环境的创设

　　有些父母往往希望通过给孩子提供学习机会，来影响孩子的未来或兴趣，有的注重在家庭中创设学习和探索的机会，重视玩具、材料的适宜性和丰富性；有的则安排孩子去上奥数、英语、识字等培训班，指望将来在学校学习中获得好成绩，但孩子却感到不堪重负。这些做法都形成了孩子的经历，但是，哪些经历才能真正激发孩子的动机呢？

★ 内在动机与外在动机

· 内在动机

    如果孩子对某件具有一定挑战性的事有兴趣，并在活动过程中感到愉快，又获得成功，他会认为自己具备某种能力，会期待新的机会和挑战来检验自己的能力，再次体验成功的快乐。这种情况就是孩子有了内在的需要而产生了内在动机。

· 外在动机

　　有时，孩子为了得到父母、老师的表扬、奖励，取悦于他们，或为了避免惩罚去做一些事，这种动机就是外在的。为了成功，他们往往采取避免失败的做法，或是选择没有挑战性的任务，而不像持有内在动机的孩子那样积极地应对挑战，并在遇到困难时能坚持下去。

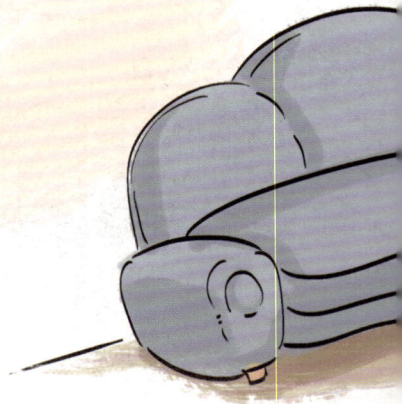

★ 兴趣的养成

· 兴趣来自于孩子的好奇心

　　孩子的兴趣往往来自于好奇心，好奇心来自于丰富多样的刺激和开放、接纳的环境，这样的环境会驱使孩子去探究、学习，产生更加浓厚的兴趣，体验成功的快乐，进而激发内在动机。

· 兴趣来自于孩子对自己能力的信心

　　一些年龄较大的学前儿童对自己的能力充满自信，他们对没有难度的任务不感兴趣，而对富有挑战性的任务更感兴趣，并容易激发和保持内在动机；较小的孩子由于还不会评价自己，只做他们感兴趣的事，而不考虑别的。

· 做得好的活动会引发孩子更大的兴趣

当孩子某件事做得好时，所经历的积极感受会与获得成功的体验紧密相连，从而引发更高的兴趣和积极的动机。

因此，父母和老师要善于发现孩子的进步和成功，并及时表扬、反馈，增强孩子的自信心。

★ 任务的最佳挑战性

父母提出的任务应该针对孩子的具体情况，具有适当的难度。如果提出的任务目标太高，以致困难到无法完成，就会影响孩子的内在动机；如果任务太简单，也不能调动孩子的积极性。

轮船比城堡复杂一些，你能搭吗？

39

★ 对成功与失败的归因分析

怎样解释以前的成功和失败，将影响孩子的行为以及他对自己的认识。成功或失败可以主要用这四个原因来解释：能力的强弱，付出努力的多少，任务的难度，运气的好坏。在这四个原因中，"能力和努力"是孩子个人的内部原因，属于稳定的原因；而"任务难度和运气"是外部因素，属于不稳定原因。

如果把孩子的成功归因于努力和能力强，会使他期待还会有类似的成功；如果归因于运气好或任务简单，会导致孩子对未来成功的信心不足。

　　如果把孩子的失败归因于没有能力，孩子会认为无法控制自己的能力，即使再努力也不会改变什么，会导致孩子对自己失去信心；如果归因于努力不够，则会激励孩子更加努力。

二、怎么培养孩子的积极主动性

20 世纪末，联合国儿童基金会与中国教育部的合作项目"幼儿园与小学教育衔接"的研究结果揭示，孩子的社会性发展对适应小学生活极为重要，其中，孩子的积极主动性居归因分析各要素的首位，也就是说，具有积极主动性的孩子更容易适应小学的新生活，这种适应不仅体现在认知学习方面，还体现在适应小学新的规章制度、人际交往、独立完成任务等各方面。

培养孩子的积极主动性，不同于培养某一项技能，父母需要全面理解孩子产生和保持积极主动性的原因和影响因素，需要理解和建立关于儿童成就动机的正确观念，把握基本原则，采用有效的方法和措施。

在观念方面，父母要坚信，孩子也是有成就需求的，要将培养孩子的积极主动性作为教养目标，而不是忽略它；要培养孩子对成功和成就的追求，并清晰地表达对孩子的期待和信心；对孩子的成功或失败要有正确的归因分析，激发孩子的成就动机和学习动机；允许孩子拥有一定的独立性和自主权，同时要让家庭对孩子充满吸引力；努力创建充满情感支持、信任，有助于引发孩子内在动机的家庭氛围。

在具体的方法和措施方面，父母要在日常生活中关注教育的契机，为孩子获得成功提供机会，比如，设立目标恰当、富有挑战性的任务；提供丰富多样的游戏材料和活动，激发探索和创造；鼓励和提供与同伴合作的机会，提高对自己评价的能力；热情地强调独立地做事，鼓励孩子成为自主的学习者；关注和支持孩子应对挑战的过程，鼓励他们坚持克服困难，特别要表扬、奖励孩子为成功所付出的努力，而不仅仅止于对结果的关注和奖励；帮助孩子保持自尊和自信，保持积极的内在动机等。

　　建立了正确的观念，掌握了有效的方法，就能比较自如地促进孩子积极主动性的发展。

1. 培养孩子的成就动机

★ 把培养孩子的成就动机作为目标之一

很多父母更关心孩子在认知、语言方面的发展，对孩子是否具有积极主动性缺乏关注。事实上，每个孩子在生命早期就有成功的需要，都有得到成人认可、表扬、奖励的需要，这对他们认识自己的能力、形成自己的主张、积极应对挑战、期待和争取成功是非常重要的。父母应充分认识到，这对孩子一生的发展都具有长远的意义。

★ 理解最近发展区，激发孩子的成就动机

　　根据维果斯基"最近发展区"的理论，父母对孩子提出的任务，要恰当地高于孩子当下的能力水平，具有一定的挑战性；而且在克服挑战的过程中，孩子能得到父母的指导或暗示，使成功具有可能性，在这种情况下很有可能引发孩子的成就动机。如果任务的要求远远高于孩子的发展水平，就不太可能引发他的成就动机。

刚才我们 8 分钟完成了拼图，现在让我们看看 5 分钟能不能完成。

2. 为孩子的成功设定 富有挑战性的任务

★ 使孩子能通过努力 获得成功

　　培养孩子对成功的期望，父母需要做一些任务设计，努力使他们能通过努力获得成功。在这个过程中，每一个任务的目标难度都是渐进的，保证孩子逐步地达到挑战性目标，避免遇到太多的困惑或挫折。同时，也要避免提出对孩子来说过分简单，容易快速取得成功的任务。

③

②

④

3. 父母要持有积极的态度和看法

★ **表达对孩子能力的信心和对孩子成功的期待**

　　如果父母对孩子某方面的能力有信心，并对孩子完成某项任务真诚地表达了信心和期待，会极大地激发孩子的成就动机。

53

★ 表达对孩子活动价值的认识

父母往往根据自己的价值观和期望，对孩子活动的意义发表看法。积极的看法和热情的鼓励、奖励，会激发孩子的成就动机；如果是消极的看法和反对、制止的行为，要注意方式、方法。

55

★ 表达对孩子克服困难的信心

如果孩子在争取某件事成功的过程中遇到了困难，父母对孩子能否克服困难的判断，会影响孩子的信心和动机，比如，认为孩子自己有能力，或为他提供一些帮助后可以克服这些困难，将会给孩子带来鼓励和支持，启动他的动机系统。

案例: 叮叮将参加大班的轮滑比赛,他知道大二班的妞妞滑得比自己快,大三班的壮壮在弯道上的技术也比自己好。他将自己的担心告诉了爸爸,爸爸带着叮叮在轮滑场地上对他的弱点进行了指导和练习,对他的优势作了分析,同时表达了对叮叮获胜的信心。叮叮带着必胜的决心去参加了比赛,成功获得冠军。

提示: 父母和孩子一起面对困难,对孩子的优势和弱点进行分析,找到克服困难的办法和策略,对激发孩子的成就动机是根本性的帮助。

4. 让父母和家庭对孩子充满吸引力

★ 父母要努力让孩子喜欢自己

　　父母要让孩子感到父母的开朗、和善和真诚，如果孩子相信、钦佩父母，看重父母的观点，并对父母说的话或做的事情感兴趣，以父母作为自己的楷模，这时，父母就会成为孩子最好的动机启动者。

★ 创设支持性的家庭环境

家庭环境要让孩子感到舒适和安心；体现孩子的兴趣与向往，用心地展示孩子的照片和作品，让他们感到被关注、被支持和被信任。当环境支持孩子能力发展的需要、支持孩子的自主性时，会使他们更加主动、充分地学习、探索，促进孩子积极主动性的发展。

★ 提供学习机会，激发孩子的成就动机

为孩子提供的学习机会，不能只从父母的价值判断出发，而应全面考虑孩子的兴趣和能力。除了达到学习活动本身的技能目标，父母更应重视给孩子提供情感性的鼓励和支持，以激发孩子的内在动机。

案例：1. 爸爸妈妈希望妞妞能学钢琴，不仅买了钢琴、找了老师，而且天天陪着练琴，并按照老师的要求，全程监督妞妞，达不到要求时，妞妞会受到严厉的批评甚至惩罚。妞妞觉得是为了爸爸妈妈在弹琴。

案例：2. 爸爸和叮叮一直在研究改造家里的节水系统，叮叮有着重要的任务，那就是收集信息，了解班上哪位小朋友家里也做了这样的的事，争取亲眼看看，拍个照片，回来向爸爸提出重要的建议。

5. 采用权威型教养方式

★ 对孩子热情、接纳，及时表扬孩子的成绩

　　尊重孩子的人格，不因为孩子小而轻视他们，不对孩子大喊大叫；对他们的一些过失、恶作剧、小错不过分反应；耐心地对他们清楚地表达希望；当他们有了进步或成绩时，要及时表扬。

★ 设定各方面需要达到的标准

　　在充分了解孩子的前提下，为孩子在各方面设定需要达到的标准，以尊重和关心的方式，让孩子理解这些要求和期望背后的理由，并在过程中提供非干涉性的指导和控制。

多吃青菜，营养均衡身体才会棒棒的。

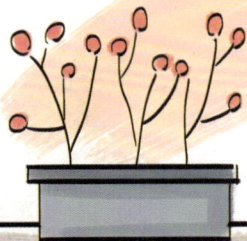

★ 允许孩子拥有一定的独立性和自主权

关心孩子的兴趣和期望，主动询问或与他们讨论，鼓励孩子发表自己的看法，防止孩子迫于父母的权威而消极遵从。

在决定做什么和怎么做时，允许孩子自己选择，并适时地予以鼓励，但要防止走向自由放任，在需要时，父母要及时提供指导。

69

6. 淡化孩子与他人的竞争

★ 积极、正确地评价

　　每个孩子的发展是有着不同倾向的，父母对孩子发展的评价，应关注他的倾向特征，同时以他自己进步的轨迹为线索，而不要处处都以别人之长量孩子之短，更不宜引向竞争。

是哦!

你的轮滑和摔跤越来越棒了!

★ 帮助孩子欣赏自己的价值

　　父母应高度关注并赞扬孩子付出的努力，帮助孩子欣赏自己的价值；不能简单地强调结果，特别是不能迷信各种竞赛。

只有我的风筝
飞不上天！

他们的风筝是买的，可你的
风筝是自己做的，回家再调
一调，一定能飞上天！

73

7. 对孩子的成功或失败 作正确的评论

★ **充分重视父母的看法 对孩子的影响**

　　学前的孩子还不具备完全独立地评价自己的能力，父母对他们成功或失败原因的看法，深刻地影响他们对自己能否成功的认识，影响他们对自己成就的看法。

①

案例：5岁的壮壮认为，自己还骑四个轮子的自行车很丢人，要求爸爸摘掉后面两个支撑的小轮子，并让爸爸教他骑两个轮子的。爸爸说："这事儿很简单，自己练吧。"壮壮很勇敢地自己练，摔了好多次，爸爸说："太笨了！"壮壮很委屈，但还努力地练，终于，壮壮学会了！爸爸说："这么简单的事，还费了那么大劲儿，不值得骄傲。"

提示：爸爸对壮壮学骑车过程中的失败和成功的评论都是不恰当的。首先，他应对壮壮要求骑两轮的车表示肯定，因为，壮壮主动提出了具有挑战性的任务；其次，他应对壮壮在学习过程中付出的努力热情赞扬，并对技术难点进行指导；最后，在壮壮获得成功后，应提出自己的看法和表扬，让壮壮认识到，努力和成功是有因果关系的。

★ 把孩子的成功归于努力而且有一定的能力

　　研究表明，当把孩子的成功归于努力而且有一定的能力时，孩子会认为这种成功是最有价值的。如果父母冒失地把成功归于运气好，或任务太简单，就不会引起孩子任何的自豪感。同样一件事，父母的归因分析不同，所带来的结果也迥然不同。

这么简单你应该会．

你又聪明又努力才会游得这么好.

★ 淡化对孩子不成功活动的评价

　　学龄前的孩子面对失败要比我们一般认为的更为敏感。如果父母和老师忽视了这一点，对孩子不成功的活动直接作消极评论，会让孩子经历不良的失败体验，这可能导致孩子对自己的能力形成消极的看法。因此，淡化对孩子不成功活动的评价，对维持孩子的自信和自尊是必要的。

79

8. 强调孩子独立做事，设立明确目标

★ 父母要强调孩子独立做事

心理学家麦克利兰的研究证实，父母在儿童早期富有温情地培养独立性，对孩子成就动机的形成起着重要的作用。父母一方面要求孩子独立做事，并对孩子提出较高的要求；另一方面，给予帮助和暗示，并在孩子达到要求时，很快地给予肯定或奖赏。强调的是"尽自己最大的努力"，这将对孩子成就动机的发展产生积极的影响。

★ 关注孩子独立面对挑战的过程

　　培养孩子独立性时，要使任务具有明确的活动目标和恰当的挑战性，要热情地强化孩子的自立行为。但是，这个过程绝不是简单地让孩子孤立地、默默地独自面对挑战，自己达到目标，而是需要父母关注这一过程，给予细心的辅导，使他们能够应对挑战。在这种情境中，孩子会感到最舒适，动机也最强。

9. 正确使用表扬和评价

★ 表扬孩子的成功重在表扬过程

　　孩子完成任务之后，父母应着重表扬他们为解决问题所持的专注态度，认真学习、不怕困难的精神，以及所付出的时间、精力等，鼓励孩子欣赏自己的努力和坚持，认识努力与结果之间的关联，帮助孩子认识到通过自身努力，能力是可以提高的。

★ 避免只用"真聪明""真能干"表扬孩子

　　有的孩子倾向于把成功归因于自己的能力强，如果只用"真聪明""真能干"表扬他们，会使他们对显示"聪明、能干"的兴趣超过学习新知识的兴趣。一旦遇到失败，孩子会认为自己没那么聪明、能干而认输。

你真聪明！

你真能干!

我一点儿都不聪明, 一点儿都不能干。

★ 让反馈信息激发孩子的内在动机

　　主动迎接挑战，并表现出高成就动机的孩子，他们的父母通常表扬他们的成功，又不过分指责偶然的失败。

　　父母如果采用"还没有"的方式反馈，会激励孩子的内在动机，比如："这次没成功表示你还在努力过程当中，还没有展现你的实力，你可以做得更好！"

　　评价孩子不成功的活动，要淡化对孩子能力不足的强调，要更多地鼓励和要求他们更加努力。

案例： 叮叮看别的小朋友玩轮滑很轻松，要求爸爸也送他去学习，一周后叮叮还是不能流畅地滑直线，感到很泄气。可是爸爸却说："你已经有了很大的进步，才一周的时间，还没有展现你的实力，现在需要分析一下自己的动作是否正确，如果你继续努力，一定会成功！"

提示： "还没有" 的反馈方式，对暂时没成功的孩子来说，是给了他新的希望，给孩子更多的信心，鼓励他以更强的毅力去克服困难，迎接挑战。

10. 正确使用奖励

★ 适当地、正确地运用外部奖励

外部奖励一般不能激发孩子的内在动机，而是作为诱因来控制孩子，这种做法会诱使孩子更加关注奖励，而不是任务本身。但研究表明，适当地、正确地运用外部奖励也有利于内在动机的培养。

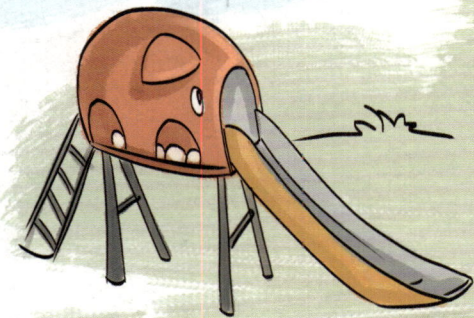

只要你能勇敢地爬上来，拿到小旗子，爸爸就送给你一个新玩具。

★ 在任务完成之后进行没有事先许诺的奖励

　　这种方式可以看做是对孩子完成任务的欣赏，而不是兑现带有物质诱导的奖励。

案例： 西南某地区地震后，爸爸要求小康从自己的图书中选一部分送给震区的小朋友，除了经常看的十来本，小康几乎将全部图书都捐了出来。爸爸说："你替震区的小朋友着想，很慷慨！以后，每个月我会带你去书店挑选一些你喜欢的书送给你。"

★ 让反馈信息激发孩子的内在动机

当父母决定给孩子奖励时，要说清楚为什么奖励孩子。奖励要突出肯定孩子成就的质量，而不是数量；认可他们克服挑战，提高了能力；认可他们用聪明的办法解决了问题等。这种奖励，将激发孩子的内在动机。

这是妈妈给你的奖励！当你发现水井盖
丢了，就把自己的帽子放在附近，提醒
别人注意这里危险。你做得非常好！

11. 提供与同伴合作的机会

　　父母应尽量创造条件，鼓励孩子与小伙伴共同玩耍、合作。孩子在积极的人际氛围中互动、合作、竞赛时，内在动机会加倍高涨，这不仅满足了他们社会交往的需要，还能促进他们的学习。

12. 发现孩子的兴趣或潜能，关注孩子的成就方向

★ 促进孩子发展某种兴趣或潜能

把发展兴趣或潜能作为任务，孩子会认为自己具备某种能力，更有可能喜欢具有挑战性的任务，认为自己能胜任这一任务，并享受达成目标的过程。

★ 关注孩子的成就方向

　　学前的孩子还不能发现或确定自己的兴趣或潜能，因此，不能独立地提出活动的目的，也就谈不上有明确的成就方向和坚持性。父母应观察、了解孩子的兴趣和潜能，关注孩子的成就方向，帮助孩子认识自己的能力。

三、损伤孩子积极主动性的教育误区

当父母还不了解培养孩子成就动机、积极主动性等重要性时，可能在不知不觉中说了不恰当的话，做了不恰当的事，结果伤害了孩子的积极主动性。

例如，当父母对孩子寄予过高期待、提出过严要求时，孩子会产生焦虑，就不会积极地面对困难、面对挑战，难以产生对成功的期待；当父母经常将别人的孩子的长处与自家孩子的短处比较时，会削弱孩子的自我价值感，直接影响成就动机的产生；当父母在孩子成功时突出表扬结果：把孩子的成功归结于天赋，而不是孩子的努力和任务完成过程；在孩子失败时责备能力差，而不是努力不够，孩子就会认为，一个人的能力是与生俱来的，不论多么努力都不会成功，也就是心理学所说的"习得无助"。这些言行虽说是在不知不觉中发生的，但对孩子动机系统的建立和发展所产生的消极影响却是不可忽视的。

因此，父母需要理解孩子具有积极主动性的重要性和产生成就动机的原理，梳理自己的观念和做法，避免损伤孩子的积极主动性。同时，父母正确的观念和做法也会反过来促进孩子对自己的认识，并建立外界对自己评价、认可的积极预期。

1. 使孩子产生"焦虑"

★ 父母对孩子寄予过高的期望

当父母对孩子有过高的期望，并施加了太多的压力时，孩子的高焦虑就产生了。处于焦虑状态的孩子更多是担心、忧虑、恐惧，他们忙于应付父母的严格要求，很难产生远大理想，也不可能产生积极的内在动机。因此，父母要慎重考虑给予孩子什么样的期待，同时，这种期待应充满了情感的支持，而不仅仅是功利的要求。

★ 对孩子进行频繁的评价和过多的社会比较

　　当孩子面对太频繁的评价和社会比较时，焦虑就会产生并发展。成人过多的评价和社会比较会影响孩子的自我认识。特别当反馈信息是负面的时，会影响积极动机的形成。

107

2. 使孩子形成"习得无助"

★ 什么是习得无助

当孩子认为，无论他付出什么努力，都不可避免地会失败，也就是说，失败的结果与他的付出、努力没有关系时，习得无助就产生了。这样的孩子往往在失败后选择放弃，他们认为自己无法控制自己的能力；能力是不会变的，与努力程度无关。

别的小朋友都学会了，你怎么还学不会？

我太笨了，我肯定学不会。

★ "习得无助"的产生

如果家长和老师在孩子失败时责备他能力不行，就会在无意中促使孩子习得无助的形成。即便是 4~6 岁的孩子，如果父母惩罚和责备的方式不当，他们也会怀疑自己的能力，形成习得无助。

★ 避免 "习得无助" 的产生

　　父母对孩子需要帮助的信息要敏感、及时，对孩子的能力要有积极的评价，帮助孩子的认识从"缺乏能力"转变为"缺乏努力"；遇到困难时鼓励孩子不能放弃，表现出对孩子能力的信心，为他的成功提供具体的指导，帮助他获得成就。

3. 不恰当的教养方式

★ 不肯定成功，不包容失误

由于父母对孩子的高期待，对孩子的成就有着高标准，即使孩子获得了成功，对孩子成功的认可也有所保留，并来得迟缓；一旦孩子有所失误，马上就指责或惩罚，毫不包容，这样的教养方式会导致孩子回避挑战，并表现出低成就动机。

115

★ 漠不关心，疏于指导

　　一些父母由于工作忙，生活压力大，对孩子漠不关心，疏于指导。对孩子既没有要求，也没有督促，不去了解孩子的需求和挑战，也谈不上支持和帮助他们。这会使孩子感到自己不重要，自己的努力和成功也不重要。

结　语

在学前阶段，关注孩子积极主动性的发展，关注成就动机的培养，是为他们今后人生的成功奠定基础。

在激烈的考试竞争中，在追求功利的社会环境下，很多父母在孩子上幼儿园时就开始带领孩子投入这一竞争洪流，他们的信念是"不能输在起跑线上"。然而，一系列的研究表明，孩子未来成功的基础，不是过早地参与竞争，而是培养他们对自己价值的认同，通过努力可以取得成功的信念，对自己的未来具有想象力的理想以及为了达到目标坚持不懈的精神。而这些品质的形成与父母的教养观念、家庭环境的支持、社会和文化的影响等有着极为密切的联系。

这本书力图唤起爸爸妈妈对孩子积极主动性培养的关注，帮助父母了解基本原理和规律，在日常生活中，热情而敏锐地对待孩子的需求，时时刻刻关注、激励他们对成功的期待，支持、指导他们获得成功，让孩子们对自己充满信心，对挑战充满勇气，对未来充满希望。